Benjamin Reimold

Terror im Namen Allahs

Islamismus und seine Hintergründe

Benjamin Reimold

Terror im Namen Allahs

Islamismus und seine Hintergründe

GRIN Verlag

Bibliografische Information der Deutschen Nationalbibliothek: Die Deutsche Bibliothek verzeichnet diese Publikation in der Deutschen Nationalbibliografie; detaillierte bibliografische Daten sind im Internet über http://dnb.d-nb.de/ abrufbar.

1. Auflage 2008
Copyright © 2008 GRIN Verlag
http://www.grin.com/
Druck und Bindung: Books on Demand GmbH, Norderstedt Germany
ISBN 978-3-640-20464-9

Terror im Namen Allahs
- Islamismus und seine Hintergründe -

Fach: Evangelische Theologie

Seminar: Glauben Christen und Muslime an ein und den selben Gott?

Student: Benjamin Reimold

Inhaltsverzeichnis

1. Einführung

Der Terrorismus hat sich in den letzten Jahren verändert. Von seinem Ursprung her war der Terrorismus meist religiös geprägt. Doch hatte sich dies in der Vergangenheit gewandelt. Der Terror ging noch vor vierzig oder dreißig Jahren hauptsächlich von links- oder rechtsradikalen Gruppierungen aus, oder er war nationalistisch-extremistisch geprägt. Doch ist die Zeit des säkularen Terrors scheinbar vorbei und der religiöse Terror längst wieder auf dem Vormarsch. Dies ist nicht erst seit dem 11. September deutlich geworden. Die Ausmaße sind enorm, beispielsweise hat er In Algerien Zehntausenden Menschen das Leben gekostet.[1] Momentan wird hauptsächlich davon ausgegangen, dass religiöser Terror vom Islam ausgeht.[2] Der derzeitig viel verwendete Begriff des „internationalen Terrorismus" meint deshalb immer islamistischen Terrorismus, nur will man das nicht offen aussprechen.[3] Ja der Islam steht spätestens seit dem 11. September unter dem Verdacht den Terrorismus zu fördern, da man von radikalen islamischen Organisationen und Gruppen auf den ganzen Islam schließ. Dessen Vertreter betonen jedoch, dass der Islam eine hochmoralische Religion sei, die Liebe predige und pluralistische, sowie demokratische Merkmale aufweise. Des weiteren sei das Wiedererstehen des religiösen Fundamentalismus ein weltweites Phänomen und der Westen sei nur auf der Suche nach einem Feindbild.

Für die blutigen Anschläge sind sogenannte islamistische Organisationen und Gruppierungen verantwortlich. Sie haben in der Regel mit dem Islam nur wenig zu tun, da sie ihn für ihre Zwecke missbrauchen. Die Mehrheit der Muslime distanziert sich von ihrem Vorgehen. Ich möchte im Folgenden untersuchen, weshalb solche Gruppierungen entstehen und was sie antreibt.[4]

2. Begriffsklärungen und Allgemeines

Fundamentalismus:

Den Fundamentalismus gibt es in allen Religionen. Er ist keineswegs nur auf den Islam beschränkt. Die Fundamentalisten berufen sich auf die jeweiligen heiligen Texte, auf die Wurzeln ihrer Religion. Die Fundamentalismen der verschiedenen Religionen sind miteinander (bis zu

---

[1] Vgl. Laqueur, Walter, Die globale Bedrohung. Neue Gefahren des Terrorismus, Ullstein Buchverlage GmbH, Berlin, 1998, S. 102
[2] Vgl. Laqueur, Walter, Die globale Bedrohung. Neue Gefahren des Terrorismus, Ullstein Buchverlage GmbH, Berlin, 1998, S. 165
[3] Vgl. Heine, Peter, Terror in Allahs Namen. Extremistische Kräfte im Islam, Herder Verlag, Bonn, 2004, S. 9
[4] Vgl. Laqueur, Walter, Die globale Bedrohung. Neue Gefahren des Terrorismus, Ullstein Buchverlage GmbH, Berlin, 1998, S. 165

einem gewissen Grad) vergleichbar. Sie sind Ausdruck eines globalen Phänomens. Für Fundamentalisten befindet sich ihre Umwelt in einer Krisensituation, welche sie bekämpfen. Sie empfinden sich dabei als Gotteskämpfer, die den Lauf der Geschichte verändern wollen. Aus diesem Grund ist Fundamentalismus politisch, seine Anhänger berufen sich aber auf die jeweilige Religion. Des weiteren sind Fundamentalismen totalitär, da sie ihre Lebensvorschriften für alle Lebensbereiche durchsetzen wollen.[5] Man kann sagen, dass die verschiedenen fundamentalistischen Bewegungen ideologisch motivierte, politische Bewegungen sind, durch die sie auf die für sie nicht hinnehmbare Missstände reagieren.

Islamismus:

Islamismus bezeichnet islamischen Fundamentalismus. Er ist gegen den Westen und seine Dominanz gerichtet und verfolgt eine islamische Weltordnung.[6]

Für den islamischen Fundamentalismus gibt es viele Bezeichnungen, wie „militanter Islam", „islamischer Fundamentalismus", „Islamismus", „radikaler Islam"... Ich werde im Folgenden für islamische Gruppierungen, welche den Islam für ihre Zwecke politisieren, den Begriff des „Islamismus", verwenden. Nicht alle islamistischen Organisationen und Gruppierungen verwenden Gewalt als Mittel für ihre Ziele (in den Medien oft als moderater Islamismus bezeichnet). Daher werde ich zwischen „Islamisten" und „zu Gewalt bereiten Islamisten" bzw. „... mit terroristischem Hintergrund" unterscheiden.

Terrorismus

Es gibt leider keine allgemeine Definition für Terrorismus. Die Terrorismusforschung versteht unter Terrorismus eine gewaltsame Methode, die nicht zuletzt gegen Zivilisten und zivile Einrichtungen gerichtet ist, da es dem Terroristen primär um die psychischen Folgen der Gewaltanwendung geht.[7] In manchen Definitionen werden Terror und Terrorismus unterschieden. Ich möchte mich auf die obige, knappe Definition beschränken, da sie den

---

[5] Vgl. Tibi, Bassam, Fundamentalismus im Islam. Eine Gefahr für den Weltfrieden?, 3. Auflage, Wissenschaftliche Buchgesellschaft, Darmstadt, 2002, S, 14f

[6] Vgl. Tibi, Bassam, Fundamentalismus im Islam. Eine Gefahr für den Weltfrieden?, 3. Auflage, Wissenschaftliche Buchgesellschaft, Darmstadt, 2002, S, 26

[7] Vgl. Wikipedia, Terrorismus. Definition, Zugriff am 25.03.08 unter:
http://de.wikipedia.org/wiki/Terrorismus#Definition

Anforderungen, welche sich aus dieser Arbeit ergeben, meines Erachtens nach vollkommen genügt.

3. Die Wurzeln des Islamismus

Die Wurzeln gewaltbereiter islamistischer Gruppen reichen wohl sehr weit zurück. Ihren Ursprung bilden vermutlich die 1080 von Hassan - i Sabbah (der Alte vom Berg) gegründeten Assassinen (*Haschischesser*). Diese Assassinen galten zu ihrer Zeit als eine Art Geheimbund. Besonders bekannt waren sie für ihre Meuchelmorde. Ihre Mitglieder durften alles tun, was der angeblichen „höheren Ordnung" entsprach. Durch ihre Meuchelmorde erlangten sie eine gewisse Macht und wurden gefürchtet. Der Name der Assassinen leitet sich wohl daher ab, dass sie neue Mitglieder mit Haschisch betäubten. Danach brachte man sie in eigens dafür angelegte Gärten, die auf Grundlage des Korans dem dort beschriebenen Paradies nachgestaltet wurden. In diesen Gärten wurde den Rekruten für kurze Zeit jeder sinnliche Wunsch erfüllt. Später betäubte man sie erneut mit Haschisch. Nach dem Erwachen sagte man ihnen, falls sie durch eine Aufgabe der Assassinen als Märtyrer den Tod finden sollten, so würden sie auf ewig diese Freuden im Paradies erleben dürfen. Es wird behauptet, dass diese Vorgehensweise die jungen Männer dazu brachte, jede Aufgabe zu erfüllen. Dieser blinde Gehorsam, ist auch heute noch für Mitglieder islamischer „Terrorgruppen" charakteristisch. 1256 wurden die Assassinen von den Mongolen vernichtet.[8]

Zu einer Verfestigung des Islamismus trugen wohl auch die christlichen Kreuzzüge im 11. bis 13. Jahrhundert bei. Sie verstärken das Misstrauen gegen die westliche, christlich – jüdische Welt bis heute. Zumindest wird auf sie von Seiten der Islamisten immer wieder Bezug genommen. Man glaubt damit begründen zu können, dass westliche Staaten in islamische Länder auch heute noch eindringen wollen, wenn auch nicht mit Waffengewalt, sondern durch andere Einflussnahmen. So bezeichnet beispielsweise Osama bin Laden die „Kreuzfahrer und Zionisten" als den wahren Feind.[9]

Eine der ältesten und ideologisch wichtigsten islamistischen Organisationen ist die 1928 in Kairo gegründete „Muslimbruderschaft". Sie existiert noch heute und hat für viele islamistischen Organisationen eine ideologisch Vorbildfunktion, der viele Organisationen nacheifern. Ihre Aufgabe sehen sie darin, durch persönliches und gemeinsames Handeln eine Gesellschaft zu

---

[8] Vgl. Heine, Peter, Terror in Allahs Namen. Extremistische Kräfte im Islam, Herder Verlag, Freiburg, 2004, S. 47 - 63

[9] Vgl. Waldmann, Peter; Terrorismus – Provokation der Macht, Gerling Akademie Verlag, München, 1998, S.151

schaffen, in der das islamische Recht verwirklich ist und in der auf dieser Grundlage Gerechtigkeit herrscht.[10] Gegenwärtig gibt es viele islamistische Terrororganisationen, die mit Gewalt den weltweiten Glauben an den Islam durchsetzen wollen. Die wichtigste und gefährlichste scheint derzeit Osama Bin Ladens „Al - Qaida" zu sein.

3.1 Mögliche Gründe für die Entstehung von gewaltbereitem Islamismus

Peter Waldmann zufolge ist die Entstehung islamistischer Gruppen im engen Zusammenhang mit der Renaissance des Islam zu sehen. So schauten islamische Staaten durchaus wohlwollend auf westliche Industrienationen. Europa und die USA dienten als Vorbilder für die Entwicklung der islamischen Staaten besonders nach dem Zweiten Weltkrieg. Sie versuchten sich auf westliche Ideologien einzulassen, um an die vom Westen vorgegebenen Zielparameter, Modernisierung und Säkularisierung, Anschluss zu halten. Planende Vernunft sollte Tradition und Religion zurückdrängen und so zum höheren Wohlstand für die Allgemeinheit führen. Der wirtschaftliche und soziale Prozess nährte Hoffnung auf ein Angleichen von arm und reich und wie schon erwähnt, auf allgemeinen Wohlstand. So konnten die Kritiker in Zaum gehalten werden. Doch spätestens ab den siebziger Jahren wurde deutlich, dass die erhofften Verbesserungen ausblieben. Durch Fehler in der Entwicklungspolitik entstand eine Krise. Außerdem war es zu einem explosionsartigem Anstieg der Bevölkerung gekommen, wobei nun 50% der Bevölkerung aus Jugendlichen bestand. Die Infrastruktur war nicht in gleichem Maße mitgewachsen und konnte die Menschenmassen nicht auffangen. So kam es zu Verstädterung, wobei die in die Städte dringenden Menschen meist nur in den Elendsvierteln Platz fanden. Immer mehr Jugendliche besuchten die höheren Schulen und die Universität, um danach arbeitslos zu sein. Die Krise lastete man dem Staat an, der sich in der Tat hauptsächlich um sich selber drehte und repressive Strukturen im eingeschlagenen Modernisierungsprozess aufwies. So war man beispielsweise sehr darauf bedacht, aufkommende religiöse Bewegung im Keim zu ersticken. Hinzu kam noch die entstandene Abhängigkeit vom Westen, die dem Selbstverständnis und der Tradition des Islam, der sich als dominant und expansiv betrachtet, überhaupt nicht entsprach. Es hat sich gezeigt, dass es kaum schwerwiegendere Punkte gibt, welche aufständische Bewegungen begünstigen, als Fremdherrschaft, bzw. eine starke äußere Beeinflussung. In diesem Zusammenhang bedeutete auch die territoriale Expansion Israels zu ungunsten der Palästinenser eine Provokation für die

---

[10] Vgl. Heine, Peter, Terror in Allahs Namen. Extremistische Kräfte im Islam, Herder Verlag, Freiburg, 2004, S. 92

arabischen Anrainerstaaten. Zu diesem Punkt ist noch die temporäre Besetzung des Südlibanons und die Stationierung von französischen und nordamerikanischen Soldaten in der Hauptstadt hinzuzufügen, welche einen Angriff auf die Integrität eines zum arabisch – islamischen Kulturraums zählenden Landes darstellte. Zur Folge entstand heftiger Wiederstand und Wut. Die sehr deutliche Niederlage im Sechstage Krieg 1967 war ebenfalls ein Tiefschlag für das islamisch – arabische Selbstbewusstsein und Selbstverständnis. Zeigte es doch wie unterlegen und rückständig die islamische Welt gegenüber einem modernen westlichen Industriestaat war. Auch das Schah – Regime im Iran stellte eine Tiefe Wunde im Selbstverständnis dar, da es anscheinend die Werte und Tradition der Religion zutiefst verletzte. Gestützt auf die reichen Ölressourcen wollte man den Iran im Eilverfahren zu einem säkularisierten modernen Staat verwandeln. Deshalb ist die iranische Revolution 1979 der bedeutendste Punkt in der islamischen Erneuerungsbewegung. Sie zeigte, dass eine religiöse Aufstandsbewegung ein vom Westen unterstütztes Regime stürzen kann. Zusätzlichen Schwung gewann die Bewegung durch die erste Infada 1987 in Israel. Die oben aufgeführten Punkte stellen markante Punkt für die entstandene Krise und den aufkommenden Wiederstand dar. Besonders muss aber die Säkularisierung hervorgeheben werden, die quasi an Grundfesten islamischer Tradition und islamischem Selbstverständnis rüttelte. Die Säkularisierung betraf nicht nur einzelne Bereiche, sondern das gesamte Lebensgefühl breiter Schichten. In diesem Zusammenhang wird oft von einer kollektiven Existenz - und Identitätskrise gesprochen. Die Reaktion auf die Krise führte zu einer Neuentdeckung und Wiederbelebung islamischen Glaubens, die Muslime aus allen Schichten betraf. Die Strömung erstreckte sich auf eine Vielzahl von Organisationen und Gruppen. Sie alle verfolgen das selbe Ziel. Die Wiederherstellung der Urgemeinschaft. Die Regierungszeit von Mohammed und der ersten vier Kalifen gilt als vorbildhaft und als Muster für ein Leben im Einklang mit den Gesetzen des Korans. Dabei geht es nicht darum ein „altertümliches" Leben zu führen, sondern sich gegen Pluralismus, Materialismus, Individualismus und die wie religiöse Gleichgültigkeit anmutende religiöse Toleranz zu wenden. Dem technischen Fortschritt stehen die Organisationen dabei durchaus wohlgemeint gegenüber.

Die Organisationen genießen in islamischen Ländern durchaus Ansehen innerhalb der Bevölkerung.

Von Teilen der Bevölkerung werden sie für ihren Glaubenskampf bewundert. Besonders aufschlussreich ist es aber zu wissen, dass sich derlei Organisationen nicht nur mit Glaubenskampf beschäftigen. Der militante Teil solcher Organisationen ist nur eine von vielen

Abteilungen. Sie engagieren sich in sämtlichen Lebensbereichen wie Erziehung, Wirtschaftsförderung, Armen - und Krankenfürsorge... , Funktionen die in einem modernen Staat eigentlich der Staat ausfüllt, was ihr Ansehen in der Bevölkerung natürlich erhöht.[11] Besonders durch ihre karikativen Tätigkeiten gewinnen sie Zuspruch.[12] Ihrem Einsatz für Bildung verdanken sie wohl unter anderem, dass viele Studenten in ihren Reihen aktiv sind.[13] So werden religiöse Bewegungen auch gleichzeitig zu politischen Bewegungen, was im Islam durchaus normal ist, da die Sharia (Wegweiser) weltlichen und religiösen Bereich abdeckt. (Die Sharia ist eine Rechtssammlung, welche von islamischen Rechtsgelehrten auf der Basis des Koran und der Hadith[14] entworfen wurde.)[15]

Es soll hier nicht ein Bild entstehen, dass alle Muslime als Islamisten zeichnet. Islamismus ist zu unterscheiden von der islamischen Orthodoxie, vom Volksislam und vom Sufismus.[16] In diesem Abschnitt geht es nur darum aufzuzeigen, wie solche Organisationen entstehen konnten. Als einen weiteren Grund für deren Entstehung, sehe ich außerdem, das weitgehende Fehlen einer Zentralgewalt im Islam (zumindest in der Gestalt des Islams, die für die Mehrheit der Muslime gilt). Der Islam ist eine Religion der Praxis. Das Dogma und die Rituale sind sehr leicht zu verstehen, so dass kaum hierarchische Strukturen für die Lehre notwendig sind. Dies hat zu Folge, dass jeder Muslim definieren kann, was für ihn Islam ist.[17] Die Praktikabilität des Islam hat sicherlich seine Vorteile und ich möchte mir darüber kein Urteil erlauben, aber ich denke, dass dieser Umstand die Entstehung der vielen Organisationen und Gruppen begünstigt und so auch die Gründung von gewaltbereite Organisationen und Gruppen erleichtert.

Miachel Lüders spricht, wobei er sich allerdings auf die gegenwärtige Situation von gewaltbereiten Islamisten bezieht, von einer narzisstischen Kränkung, die durch Demütigungen wie die oben beschriebenen, entstand. Die Welt folgt nicht den Gesetzen der Islamisten. Es ist für

---

[11] Vgl. Waldmann, Peter; Terrorismus – Provokation der Macht, Gerling Akademie Verlag, München, 1998, S.128 - 136
[12] Vgl. Lüders, Michael, Wir hungern nach dem Tod. Woher kommt die Gewalt im Dschihad – Islam?, Arche Verlag AG, Zürich – Hamburg, 2001, S. 46
[13] Vgl. Schmuker, Christian, Der religiöse Fundamentalismus. Entstehungsursachen und Hintergründe am Beispiel des Libanon, Universität Augsburg, 2005, S. 21
[14] Gilt als eine Ergänzung zum Koran. Die Hadith besteht aus einer Sammlung von Überlieferungen über das Handeln und Reden Mohammeds.
[15] Vgl. Waldmann, Peter; Terrorismus – Provokation der Macht, Gerling Akademie Verlag, München, 1998, S.128 - 136
[16] Vgl. Lüders, Michael, Wir hungern nach dem Tod. Woher kommt die Gewalt im Dschihad – Islam?, Arche Verlag AG, Zürich – Hamburg, 2001, S. 45
[17] Vgl. Heine, Peter, Terror in Allahs Namen. Extremistische Kräfte im Islam, Herder Verlag, Freiburg, 2004, S. 13f

sie unverständlich, dass die Macht bei anderen liegt, obwohl sie doch im Besitz der höheren göttlichen Wahrheit sind.[18]

3.2 Islamistischer Terrorismus

Ich möchte betonen, dass es in diesem Kapitel um gewaltbereiten Islamismus geht. Es gibt viele Islamisten die in Institutionen arbeiten und Gewalt dabei nicht als legitimes Mittel ansehen.

Ihrem Eigenverständnis nach sehen sich Gruppen, die den gewaltbereiten islamistischen Gruppierungen zugeordnet werden, als Auserwählte. Sie allein kennen den wahren „Willen Gottes", für dessen Umsetzung sie kämpfen. Sie sind überzeugt, erkannt zu haben was der Allmächtige fordert. Als Märtyrer sind sie dazu bestimmt, die „sündige Welt" zu bestrafen. Alle Menschen, die ihre Vorstellungen nicht teilen, falsche Werte vermitteln und verbreiten und den Islam in ihren Augen verachten, werden zu Zielen für ihr Handeln.

Das übergeordnete Ziel ist die Errichtung eines Gottesstaates.[19],[20] Die Islamisten politisieren dabei die Religion des Islam, um ihre Ordnungsvorstellung durchzusetzen und ihr Handeln zu legitimieren.[21] Die Grundlage für den angestrebten Gottesstaat bilden der Koran und die Scharia (Wegweiser), sie sollen als Rechtsordnung dienen. Die Scharia ist eine Rechtssammlung, welche von islamischen Rechtsgelehrten auf der Basis des Koran und der Hadith[22] entworfen wurde. Islamistische Gruppen fallen meist unter das Stichwort Fundamentalismus.[23]

Es gibt sehr viele islamistische Gruppierungen, die sich in vielen Punkten voneinander unterscheiden. Folgende Punkte sind aber sehr häufig anzutreffen:

- Strenger Dualismus von Gut und Böse: Das Böse muss vom Guten bekämpft werden, damit die Umma, die islamische Glaubensgemeinschaft, also die Guten, nicht unterworfen oder zerstört werden. Es herrscht also ein starkes Schwarz-Weiß Denken vor.

- Betontes Festhalten an der eigenen Kultur gegenüber fremden Kultureinflüssen. Im Besonderen eine Abwehr der Säkularisierung.

---

[18] Vgl. Michael Lüders, Wir hungern nach dem Tod. Woher kommt die Gewalt im Dschihad – Islam?, Arche Verlag AG, Zürich – Hamburg, 2001, S. 43
[19] Vgl. Schmuker, Christian, Der religiöse Fundamentalismus. Entstehungsursachen und Hintergründe am Beispiel des Libanon, Universität Augsburg, 2005, S. 31 - 35
[20] Vgl. Hübsch, Hadayatullah; Fanatische Krieger im Namen Allahs, Hugendubel Verlag, München, 2001, S.54
[21] Vgl. Tibi, Bassam, Fundamentalismus im Islam. Eine Gefahr für den Weltfrieden?, 3. Auflage, Wissenschaftliche Buchgesellschaft, Darmstadt, 2002, S, 27
[22] Gilt als eine Ergänzung zum Koran. Die Hadith besteht aus einer Sammlung von Überlieferungen über das Handeln und Reden Mohammeds.
[23] Vgl. Hübsch, Hadayatullah; Fanatische Krieger im Namen Allahs, Hugendubel Verlag, München, 2001, S.54

- Fast paranoide Verschwörungstheorien, die davon ausgehen, dass der Islam beispielsweise durch den imperialistischen Westen, vor allem durch die USA, zerstört werden soll. Der intellektuelle und kulturelle Einfluss des Westens soll beseitigt werden, da er an der Verschwörung gegen den Islam beteiligt ist.

- Theokratie als perfekte Staatsordnung, das göttliche Gesetz – neben dem Koran auch die Scharia – als Verfassung: Gott regiert die Welt, der Mensch ist ein Geschöpf Gottes und muss sich somit immer und in allen Lagen seinem Willen unterwerfen.

3.3 Gewaltbereite Islamisten; - Selbstmordattentäter und Martyrium -

Mit Walter Laqueur lässt sich sagen, dass es den typischen Terroristen nicht gibt, was wohl auch auf die gewaltbereiten Islamisten zutrifft.[24] Die meisten Islamisten kommen aus den ärmeren Schichten. Ihre Mitgliedschaft ist wohl Reaktion auf die sie umgebenden Umstände. Doch auch aus den anderen Schichtengewinnen die Islamisten ihre Anhänger. So zählen sie auch einige Intellektuelle in ihren Reihen.

Besonders junge Leute scheinen anfällig zu Mitglieder solcher Organisationen zu werden. Sie kommen meist aus der konventionell, traditionellen Umgebung ländlicher Gegenden oder Kleinstädte. Viele sind ehrgeizige Aufsteiger mit sehr hoher Leistungsmotivation, die zwecks besserer Ausbildungschancen und Berufslage in die Städte ziehen. Da die Abreitmarktlage in islamischen Ländern nicht gerade rosig ist, schauen sich junge Leute mit Hochschulabschluss nach erfolgloser Jobsuche nach Alternativen um. Bessere Aussichten auf eine erfolgreiche Karriere bestehen oft in islamistischen Organisationen, weshalb sich einige diesem Weg zuwenden.[25] (Wirkungsbereiche islamistischer Organisationen siehe Kap 3.1) In Kapitel 3.1 wurde erwähnt, dass islamistische Gruppen sich für Bildung engagieren. Christian Schmuker, der sich mit dem Islamismus im Libanon auseinander gesetzt hat, beschreibt, dass diese Organisationen Studenten bei der Suche nach Unterkunft halfen, ihnen finazielle Starthilfe gaben und dafür sorgten, dass sie mit einem geschulten Islamisten zusammen lebten.[26]

---

[24] Vgl. Laqueur, Walter, Die globale Bedrohung. Neue Gefahren des Terrorismus, Ullstein Buchverlage GmbH, Berlin, 1998, S. 101

[25] Vgl. Waldmann, Peter; Terrorismus – Provokation der Macht, Gerling Akademie Verlag, München, 1998, S.140

[26] Vgl. Schmuker, Christian, Der religiöse Fundamentalismus. Entstehungsursachen und Hintergründe am Beispiel des Libanon, Universität Augsburg, 2005, S. 20

Exkurs

Nach dem Abzug sowjetischer Truppen aus Afghanistan wurden viele freiwillige Kämpfer in den Nahen Osten und Nordafrika abgeschoben. Vorausgegangen war der Einmarsch der Sowjetunion 1979 in Afghanistan, da man den Sozialismus in Afghanistan in Gefahr sah. Die Kommunisten hatten sich ein Jahr zuvor an die Macht geputscht und wollten dann den Sozialismus im Eilverfahren aufbauen. Dies löste viel Wiederstand in der afghanischen Bevölkerung aus, an dessen Spitze sich die Islamisten setzten. Der Dschihad wurde ausgerufen. Er erzeugte eine Welle der Solidarität. So strömten zahlreiche freiwillige islamische Kämpfer aus zahlreichen Ländern nach Afghanistan.[27] (Einer dieser Freiwilligen war Osama bin Laden)

Dieser Dschihad der „Afghanen" wurde von den USA unterstütz, um die Sowjetunion zu schwächen. Doch nach dem Krieg und dem anschließenden Zusammenbruch der Sowjetunion, den die Kämpfer auf ihren Dschihad zurückführten, wendeten sie sich gegen die verbleibende Supermacht. Die USA.[28],[29]

Doch nun zu den Selbstmordattentätern.

Viele Studien besagen, dass durchschnittliche Selbstmordattentäter alleinstehende Männer zwischen 20 bis 25 Jahre sind. Ihnen unterstellt man eine besondere Begeisterungsfähigkeit, gepaart mit einer gewissen Überheblichkeit, besonders bei akademischen Attentätern.[30] Doch eine andere Studie von Leonhardt Weinberg, der Daten über den Konflikt zwischen Israelis und Palästinensern erhob, belegt, dass Selbstmordattentäter keineswegs besonders jung seien. Dieser Studie zufolge, handelt es sich meist um kampferfahrene „Veteranen". Die Tat stelle für sie gewissermaßen den Höhepunkt ihrer militärischen Karriere dar. Die selbe Studie behauptet außerdem, wie auch historische Studien über muslimische Selbstmordattentäter belegen, dass es sich meist um Männer aus ärmeren sozialen Schichten handle, die religiös erzogen wurden und ledig sind. Muslime die für ihren Glauben sterben, also im Dschihad (Anstrengung aller Kräfte, siehe Kapitel Dschihad) gelten als Märtyrer.[31]

Ob jung oder schon etwas älter, eine große Motivation ist vermutlich gerade für Menschen in armen Gegenden auch, dass die Herkunftsfamilie nach dem Tod des Selbstmordattentäters

[27] Vgl. Kedel, Gilles, Das Schwarzbuch des Dschihad, Piper Verlag GmbH, München 2002, S. 172 - 179
[28] Vgl. Roy, Oliver, Der islamische Weg nach Westen. Globalisierung, Entwurzelung und Radikalisierung, Lizenzausgabe für die Bundeszentrale für politische Bildung, Bonn, 2006, S. 286- 290
[29] Vgl. Heine, Peter, Terror in Allahs Namen. Extremistische Kräfte im Islam, Herder Verlag, Freiburg, 2004, S. 67
[30] Vgl. Waldmann, Peter; Terrorismus – Provokation der Macht, Gerling Akademie Verlag, München, 1998, S.188f
[31] Vgl. Heine, Peter, Terror in Allahs Namen. Extremistische Kräfte im Islam, Herder Verlag, Freiburg, 2004, S. 30

oftmals eine Hinterbliebenrente bekommen. Gleichzeitig werden Selbstmordattentäter von Teilen der Bevölkerung verehrt und wie Idole behandelt (wobei ich vermute, dass hierbei eher diejenigen bewundert werden deren religiöses Anliegen mit einem nationalen Befreiungsanspruch verbunden ist). Neben der Belohnung im Jenseits für den Märtyrertod, kommt also noch eine irdische Komponente. Der Attentäter tauscht sein oft als trostlose empfundenes Leben in Armut und Bedeutungslosigkeit ein in das eines „Helden", der vielfach bewundert wird und in Gedenken bleibt.[32] Im Jenseits wird der Märtyrer mit 72 Jungfrauen verheiratet, kann sich überdies für 70 Verwandte einsetzen und ihm werden seine Sünden vergeben.[33] Allerdings bestehen Zweifel, ob das im Koran stehende Wort für „Jungfrauen" nicht durch „Trauben" übersetzt werden kann. Fakt jedoch ist, dass es die mehrheitliche Auffassung davon ausgeht, Märtyrer erlangen direkten Zugang zum Paradies, wo sie für ihre Taten reichlich belohnt werden.[34] Allerdings gibt es im Islam eine strikte Ablehnung von Selbstmord, was nach den Attentaten vom 11. September durch islamische Rechtsgelehrte betont wurde. Diese Tat kann nicht als Glaubenskampf eingestuft werden, weshalb die Attentäter auch keine Märtyrer sind. Stattdessen gilt in diesem Fall das Verbot des Selbstmordes. Im Gegensatz dazu werden Selbstmordattentate in Israel und Palästina nicht von allen Rechtsgelehrten abgelehnt. So lehnte beispielsweise der Rektor der berühmten al – Azhar – Universität in Kairo die Anschläge in den USA ab, befürwortete aber die Selbstmordanschläge in Israel und Palästina, als ein legitimes Mittel angesichts ihrer Unterlegenheit und aufgrund ihrer Unterdrückung.[35] Es gibt also keine einheitliche Meinung seitens der Rechtsgelehrten.

4.   Die Bedeutung des Dschihad

Islamisten, oder vor allem gewaltbereite Islamisten, berufen sich für ihre Taten und Vorgehensweisen immer wieder auf den Dschihad. In der Literatur wird der Dschihad sehr kontrovers diskutiert. Die Meinungen gehen weit auseinander. Manche sehen im Dschihad den „Heiligen Krieg", der als große Bedrohung (nicht nur von den Islamisten ausgehend) für den Westen empfunden wird. Andere wiederum sehen in dieser Ansicht eine ungerechtfertigte Fehleinschätzung. Die Aussagen im Koran sind ebenfalls nicht sehr eindeutig und auch unter den

---

[32] Vgl. Waldmann, Peter; Terrorismus – Provokation der Macht, Gerling Akademie Verlag, München, 1998, S.201
[33] Vgl. Heine, Peter, Terror in Allahs Namen. Extremistische Kräfte im Islam, Herder Verlag, Freiburg, 2004, S. 30f
[34] Vgl. Seidensticker, Tilman, Der religiöse und historische Hintergrund des Selbstmordattentats im Islam, in: Kippenberg, Hans/ Seidensticker, Tilman (Hg.), Terror im Dienste Gotttes. Die „Geistliche Anleitung" der Attentäter des 11. September 2001, Campus Verlag, Frankfurt/Main, 2004, S. 107.
[35] Vgl. Heine, Peter, Terror in Allahs Namen. Extremistische Kräfte im Islam, Herder Verlag, Freiburg, 2004, S. 36ff

muslimischen Rechtsgelehrten besteht kein einheitlicher Konsens. Wie steht es nun mit dem Dschihad? Ich hoffe mit meiner Ausführung der Bedeutung des Begriffs relativ nahe zu kommen, wobei ich nicht behaupten möchte ihn gänzlich verstanden zu haben.

Der Dschihad wird oft fälschlich als „Heiliger Krieg" übersetzt, meint aber wörtlich „Anstrengung aller Kräfte", oft noch mit dem Zusatz „auf dem Wege Gottes" (durch die Ergänzung der Formel „fi sabîl allâh").[36] Nach klassischer Lehre wird er in den kleinen und den großen Dschihad unterteilt. Unter dem großen Dschihad wird der Kampf des Einzelnen gegen seine Schwächen, also gegen Begierden und Verführungen verstanden. Diese Form des Dschihad kann sich auch auf das Engagement am Arbeitsplatz oder auf andere Bemühungen für Eltern u.v.m. beziehen.[37] Für diese Arbeit ist aber der kleine Dschihad von besonderem Interesse. Die folgende Ausführungen beziehen sich auf diese Variante.

Im Koran ist festzustellen, dass die Bedeutung des Begriffs „Dschihad" einen Prozess durchläuft. Christian Schmuker beschreibt in seiner Dissertation zu religiösem Fundamentalismus, den Bedeutungswandel des Dschihad in vier Phasen:

In der ersten Phase war der Kampf noch verboten und den Ungläubigen gegenüber Geduld vorgeschrieben. In der zweiten Phase wurde der Kampf nunmehr als Verteidigung erlaubt. In der dritten Phase war es den Muslimen nun auch erlaubt gegen Ungläubige zu kämpfen. Allerdings durfte dies nicht in der Zeit der heilige Monate geschehen. In der vierten Phase viel auch diese Beschränkung weg.[38]

Eine ähnliche Sichtweise habe ich im Internet gefunden. „Jedenfalls hat Mohammeds Stellung zu Krieg und Frieden in seiner Entwicklung vom gottgetriebenen Einzelgänger in Mekka, bis zum Leiter eines theokratischen Gemeinwesens in Medina, mehrere Entwicklungsstufen durchgemacht. In Mekka handelte es sich noch um Geduld gegen Angriffe, in Medina bereits um das Recht, Angriffe zurückzuweisen."[39]

---

[36] Vgl. Heine, Peter, Terror in Allahs Namen. Extremistische Kräfte im Islam, Herder Verlag, Freiburg, 2004, S. 18
[37] Vgl. Hansen, Hendrik, Globaler Dschihad. Die Freund Feind Unterscheidung im Islam und in der Theorie des Gesellschaftsvertrags, Aus Politik und Zeitgeschichte B18/2002
[38] Vgl. Schmuker, Christian, Der religiöse Fundamentalismus. Entstehungsursachen und Hintergründe am Beispiel des Libanon, Universität Augsburg, 2005, S. 42f
[39] Muz - online, Djihad und Heiliger Krieg. Weitere Betrachtungsweisen, Zugriff am 19.03.08 unter: http://www.muz-online.de/religion/djihad1.html

Diese Ansicht sehe ich durch die Ausführungen Bassam Tibis[40] bestätigt. Der Koran gilt, neben seiner Bedeutung für die Religion, auch als arabisches Geschichtsbuch der Jahre 610 bis 632 (die Jahre der islamischen Religionsstiftung). Die Suren beziehen sich auf konkrete historische Ereignisse, was den prozesshaften Charakter und die scheinbaren Wiedersprüche des Dschihad, wie er im Koran steht, erklärt. Die ersten Suren wurden Mohammed in Mekka offenbart. In diesen Suren kann Dschihad höchstens als ein friedliches Mittel zur Überzeugung durch Worte ausgelegt werden. Zu diesem Zeitpunkt war die Gemeinschaft der Muslime (umma) auch noch so klein, dass ein erfolgreicher Kampf nicht möglich gewesen wäre. Der Prophet wurde dann vertrieben. Er floh nach Medina, wo die eigentliche Geschichte des Islam beginnt.

Dort wurde Mohammed zum Staatsmann und Feldherrn. Die Verteidigung der neugegründeten Gemeinschaft der Gläubigen und die anschließende Verbreitung des Islam durch Kriege, finden ihre Entsprechung im Koran dadurch, dass der Begriff des „Dschihad" zunehmend die Gewaltanwendung legitimiert. Sie sind „....Ausdruck des Prozesses der Etablierung Medinas als Zentrum der islamischen Ordnung in seiner heftigen Auseinandersetzung, d. h. Djihad, mit den umgebenden Feinden...".[41] Um die Bedeutung des „Dschihad" besser zu verstehen, ist die Unterscheidung in „Haus des Friedens" und „Haus des Krieges" ausschlaggebend. Diese Unterteilung entstammt allerdings nicht dem Koran, sondern klassischer islamischer Lehre. Im Koran heißt es lediglich, dass Allah die Menschheit in sein „Haus des Friedens" (Dar al – salam) einlädt. Nach islamischen Verständnis ist ihr Territorium das „Haus des Friedens". In dieses Haus, also zum Frieden, werden alle eingeladen. Überall, wo nicht der Islam praktiziert wird herrscht ihrem Verständnis nach Krieg, deshalb „Haus des Krieges". Die Einladung sich den Muslimen anzuschließen gehört schon zum Dschihad. Wird allerdings der friedlichen Missionierung nicht Folge geleistet, so kann der Dschihad die Gewaltanwendung erlauben. Dies wird von Muslimen allerdings nicht als Krieg angesehen, denn nur in Gebieten, die nicht dem Islam angehören, herrscht Krieg (deshalb „Haus des Krieges"). Dschihad bedeutet also für den Moslem nicht Krieg. Quital steht im Koran für Kampf mit Waffengewalt. Nach Tibi sind Qital (Kampf) und Dschihad komplementäre Konzepte. Scheitert der Versuch der gewaltfreien Verbreitung des Islam, also des Dschihad im Sinne von friedlicher Anstrengung, so greift das

---

[40] Tibi ist selbst Moslem, er zählt sich zum reformierten Euro Islam. Diese Richtung im Islam erlaubt sich den Koran historisch zu deuten, was unter Muslimen z. T. sehr verpönt ist, da er als verbal inspiriert gilt. Sie fordern das „Konzept" des Dschihad historisch zu relativieren, da die Aussagen sich auf die jeweilige historische Situation bezogen haben.

[41] Tibi, Bassam, Kreuzzüge und Djihad. Der Islam und die christliche Welt, Bertelsmann Verlag, München, 1999, S. 80

Konzept des Qital, also der Verbreitung durch Gewaltanwendung. Dschihad umschließt folglich beides, wird aber nicht als Krieg angesehen. Der Islam versteht sich als Religion für die ganze Menschheit, was sich beispielsweise in folgendem Koranvers zeigt.

„Und wir sandten dich, damit den Mensch allesamt ein Verkünder froher Botschaft und ein Warner seiest" (Koran: Sure 34/ 27).

Dementsprechend gilt der Dschihad solange bis der Islam zu allen Menschen gebracht worden ist und sie in die Gemeinschaft des Friedens miteingeschlossen sind.[42] Im Übrigen ist der Dschihad für den Moslem eine Pflicht. Der Gläubige riskiert bei Nichtbefolgung seinen Platz im Paradies.[43] („ ‚Ziehet hinaus in Allahs Weg' ihr euch schwer zu Erde neigtet. Habt ihr mehr wohlgefallen am irdischen Leben als am Jenseits?" (Koran: Sure 9/ 38)). Allerdings kann nach islamischen Recht die Pflicht des Dschihad auf regionale, genügend große Gruppen beschränkt werden. Die anderen Muslime sind dann von der Pflicht befreit.[44]

Wie oben schon beschrieben versteht der Islam den Dschihad nicht als Krieg, auch wenn dabei Gewalt als Mittel eingesetzt wird. Der Dschihad wird nach Tibi im Sinne von Öffnung, Öffnung für den Islam, verstanden. Die arabischen Sprache kennt den Terminus Krieg („Harb"), nur im Sinne von Aggression. Die Dschihad Kriege sah man nicht als Aggression an, zumal Aggression der Koran verbietet, sonder die Erfüllung ihres Missionsauftrags, welcher mit dem Streben nach Frieden gleichgesetzt wird. Für die neu erschlossenen Gebiete galt, dass die dortigen Menschen konvertieren mussten, oder im Falle von Juden und Christen, eine Abgabe bezahlten. Diese Abgabe (Djizya), berechtigte sie dazu ihre Religion weiter zu praktizieren. Dieses Zugeständnis an die sogenannten Schriftbesitzer ist ebenfalls auf den Koran zurückzuführen, wonach in der Religion kein Zwang sein soll (vgl. Koran: Sure 2/256). Grundsätzlich verbietet der Koran auch das Töten, da das Leben als „heilig" gilt. Im Dschihad ist es dem Muslim allerdings erlaubt.[45] Aber es gelten strenge Regeln. Schließlich sollten ja die Ungläubigen zum Islam bekehrt werden. So darf nicht maßlos getötet werden, was sich besonders auf Personen, die nicht am Kampf selbst beteiligt sind erstreckt. Menschen deren Friedfertigkeit als gegen angesehen wurde, durften ebenfalls nicht angerührt werden (bspw. Mönche). Auch unnötige Grausamkeit und Zerstörung

---

[42] Vgl. Tibi, Bassam, Kreuzzüge und Djihad. Der Islam und die christliche Welt, Bertelsmann Verlag, München, 1999, S. 51 - 86
[43] Vgl. Hansen, Hendrik, Globaler Dschihad. Die Freund Feind Unterscheidung im Islam und in der Theorie des Gesellschaftsvertrags, Aus Politik und Zeitgeschichte B18/2002
[44] Vgl. Heine, Peter, Terror in Allahs Namen. Extremistische Kräfte im Islam, Herder Verlag, Freiburg, 2004, S. 20f
[45] Vgl. Tibi, Bassam, Kreuzzüge und Djihad. Der Islam und die christliche Welt, Bertelsmann Verlag, München, 1999, S. 73- 86

ist nach dem Koran nicht erlaubt und gefallene Feinde sollten nach den Regeln ihrer Religion beerdigt werden.[46] Außerdem muss dem Dschihad ein legitimer Imam vorstehen.

Heute gilt, zumindest für die Mehrheit der Muslime, nur noch der große Dschihad. Im Lehrbuch der al – Azhar wird festgestellt, dass Gewalt nur zur Abwendung von Übel gegen die Muslime eingesetzt werden darf. Die Verbreitung des Islam hingegen kann heutzutage friedlich über Zeitungen und andere Kommunikationsmittel stattfinden.[47]

Laut Tibi kann Terrorismus durch die Dschihad – Doktrin keinesfalls legitimiert werden, sie berechtigt keine Einzelnen Gewalt anzuwenden. Dschihad gilt nur auf kollektiver Ebene. Dies hindert Terroristen jedoch nicht sich selektiv auf den Dschihad im Sinne von Qital zu beziehen und dadurch ihre Aktionen zu rechtfertigen. Oftmals kennen sie auch nur die eine Dschihad - Bedeutung, da sie sich oftmals nicht in den grundlegenden Schriften auskennen. Sie kennen den Islam nur in seiner politisierten Variante, nicht aber als eine autoritative Quelle des Glaubens, die er eigentlich sein will und auf die sich die allermeisten Suren beziehen.

---

[46] Vgl. Heine, Peter, Terror in Allahs Namen. Extremistische Kräfte im Islam, Herder Verlag, Freiburg, 2004, S. 28f
[47] Vgl. Tibi, Bassam, Kreuzzüge und Djihad. Der Islam und die christliche Welt, Bertelsmann Verlag, München, 1999, S. 72 - 75

5. Abschlussbetrachtung

Der Islam steht für Frieden und Versöhnung, er ist gegen Krieg und Hass. Das Ideal des Islam ist „Salam" (Friede) nicht Krieg. Das bedeutet, gläubige Muslime sollen Frieden stiften, keine gewalttätigen Terroranschläge verüben. Gerechtigkeit, Vergebung, Güte, Geduld und Barmherzigkeit sind zentrale Begriffe im Koran. Allerdings ist auch zu sehen, dass der Islam auf Expansion ausgelegt ist. Seinem Selbstverständnis nach ist er die natürliche Religion, die letztendlich der ganzen Menschheit Frieden bringen soll. Ich fürchte, dass die Stimmen, welche den Dschihad, als Mittel zur Verbreitung des Islams durch Gewaltanwendung ansehen, nicht verstummen werden. Wie schon erwähnt, fehlen im Islam weitgehend Instanzen, welche den Koran für alle geltend auslegen. Darin liegt, fürchte ich, ein weiterer Grund dafür, dass er auch weiterhin für politische Zwecke durch Einzelne missbraucht werden wird. In diesem Sinne denke ich, dass der Dialog zwischen der westlichen und der islamischen Welt von ausschlaggebender Bedeutung sein wird. Hierfür wird es allerdings von Nöten sein, dass sich Politiker intensiver mit dem Islam befassen. In Deutschland begegnet man dem Islam mit viel Toleranz (zumindest auf politischer Ebene), was sich durch die vielen neu gebauten Moscheen und der geplanten Einführung von Islamunterricht beispielsweise zeigt. Doch fehlt es bei vielen Politikern an Wissen über den Islam und seine Kultur. Für einen gelingenden Dialog ist dies aber grundlegend, sonst wird wohlgemeinte Toleranz und Nächstenliebe nicht die erhofften Erfolge bringen. Gleiches gilt natürlich auch für die Muslime.

Menschen werden nicht als Terroristen geboren. Umfeld und Gesellschaft machen sie zu dem, was sie sind. Gerade in vielen arabischen Staaten bilden jedoch Armut, Unwissen und Rechtlosigkeit den idealen Nährboden für Interpretationen, die den Koran für politische Ziele missbrauchen und ihn zur Erlangung von bloßer Macht benutzen wollen. Hier gilt es anzusetzen. An dieser Stelle sollten westliche Staaten versuchen betroffene Länder zu unterstützen. Allerdings ist dies kein leichtes Unterfangen. Es muss darauf geachtet werden, den betroffenen Ländern keine westliche Strategien überzustülpen, sondern sie als gleichberechtigte Partner zu behandeln, um ein Gefühl der Bevormundung zu verhindern.

17

Literaturverzeichnis

➢ Heine, Peter, Terror in Allahs Namen. Extremistische Kräfte im Islam, Herder Verlag, Bonn, 2004

➢ Hübsch, Hadayatullah; Fanatische Krieger im Namen Allahs, Hugendubel Verlag, München, 2001

➢ Kedel, Gilles, Das Schwarzbuch des Dschihad, Piper Verlag GmbH, München 2002

➢ Laqueur, Walter, Die globale Bedrohung. Neue Gefahren des Terrorismus, Ullstein Buchverlage GmbH, Berlin, 1998

➢ Lüders, Michael, Wir hungern nach dem Tod. Woher kommt die Gewalt im Dschihad – Islam?, Arche Verlag AG, Zürich – Hamburg, 2001

➢ Roy, Oliver, Der islamische Weg nach Westen. Globalisierung, Entwurzelung und Radikalisierung, Lizenzausgabe für die Bundeszentrale für politische Bildung, Bonn, 2006

➢ Schmuker, Christian, Der religiöse Fundamentalismus. Entstehungsursachen und Hintergründe am Beispiel des Libanon, Universität Augsburg, 2005

➢ Seidensticker, Tilman, Der religiöse und historische Hintergrund des Selbstmordattentats im Islam, in: Kippenberg, Hans/ Seidensticker, Tilman (Hg.), Terror im Dienste Gotttes. Die „Geistliche Anleitung" der Attentäter des 11. September 2001, Campus Verlag, Frankfurt/Main, 2004

➢ Tibi, Bassam, Fundamentalismus im Islam. Eine Gefahr für den Weltfrieden?, 3. Auflage, Wissenschaftliche Buchgesellschaft, Darmstadt, 2002

➢ Tibi, Bassam, Kreuzzüge und Djihad. Der Islam und die christliche Welt, Bertelsmann Verlag, München, 1999

➢ Waldmann, Peter; Terrorismus – Provokation der Macht, Gerling Akademie Verlag, München, 1998

Sonstige Quellen

➤ Hansen, Hendrik, Globaler Dschihad. Die Freund Feind Unterscheidung im Islam und in der Theorie des Gesellschaftsvertrags, Aus Politik und Zeitgeschichte B18/2002

➤ Henning, Max, Koran, Keclam, Stuttgart, 1960

➤ Muz - online, Djihad und Heiliger Krieg. Weitere Betrachtungsweisen, Zugriff am 19.03.08 unter: http://www.muz-online.de/religion/djihad1.html

➤ Wikipedia, Terrorismus. Definition, Zugriff am 25.03.08 unter: http://de.wikipedia.org/wiki/Terrorismus#Definition

Lightning Source UK Ltd.
Milton Keynes UK
UKRC01n2211060217
293769UK00001B/3